Tobias Kalder

Realisierung von Web-Anwendungen mittels MVC-Framew

I0009305

Tobias Kalder

Realisierung von Web-Anwendungen mittels MVC-Frameworks am Beispiel CakePHP

GRIN Verlag

Bibliografische Information der Deutschen Nationalbibliothek: Die Deutsche Bibliothek verzeichnet diese Publikation in der Deutschen Nationalbibliografie; detaillierte bibliografische Daten sind im Internet über http://dnb.d-nb.de/ abrufbar.

1. Auflage 2011
Copyright © 2011 GRIN Verlag GmbH
http://www.grin.com
Druck und Bindung: Books on Demand GmbH, Norderstedt Germany
ISBN 978-3-640-98519-7

FOM - Hochschule für Oekonomie & Management

Neuss

Berufsbegleitender Studiengang Wirtschaftsinformatik

4. Semester

Seminararbeit im Fach „Web-Anwendungsentwicklung"

**Realisierung von Web-Anwendungen mittels MVC-Frameworks
am Beispiel CakePHP**

Autor: Tobias Kalder

Neuss, den 12. August 2011

I

Inhaltsverzeichnis

II

Abkürzungsverzeichnis

.htaccess engl., hypertext access; „Konfigurationsdatei, in der verzeichnisspezifische Einstellungen auf NCSA-kompatiblen Webservern (z. B. Apache) vorgenommen werden können"[13]

ERM engl., Entity Relationship Modell

DBMS Datenbank Management System (z.B. MySQL)

MVC engl., Model View Controller

ORM engl., object-relational mapping; Technik zum Ablegen von codierten Objekten in einer relationalen Datenbank

URL engl., Uniform Resource Locator; definiert den Pfad und die Zugriffsmethode auf eine Netzwerkressource wie z.B. eine Webseite.

III

Abbildungsverzeichnis

1 Einleitung

Betrachtet man die Web-Anwendungsentwicklung im Jahre 2011, so handelt es sich verglichen mit der Informatik in ihrer Gesamtheit um ein junges Handwerk. Viele Prozesse und Technologien befinden sich in stetiger Weiterentwicklung, Methoden werden genutzt und wieder durch effizientere Verfahren ersetzt. Die daraus für die Web-Anwendungsentwicklung resultierende Problematik sind häufig wechselnde Technologien und Konzepte, die Herausforderungen sowohl an eine flexible Konzeption von Web-Anwendungen, als auch an das Wissensmanagement der Entwickler und Betreiber stellen.[1]

Ein mittlerweile als etabliert zu betrachtendes Konzept, oder genauer, ein Architekturmodell für die Strukturierung von Web-Anwendungen[2], ist MVC. Zahlreiche Frameworks implementieren dieses Architekturmodell, eines von ihnen ist das auf der Skriptsprache PHP basierende CakePHP.

Diese Arbeit vermittelt einen am Beispiel CakePHP orientierten Einblick in die Verwendung von MVC bei der Web-Anwendungsentwicklung. Nach grundlegenden Begriffsklärungen geht sie auf die Planung von CakePHP-Anwendungen ein und beschreibt anschließend die Realisierung durch ein CakePHP konzeptionell naheliegendes Vorgehen, das Prototyping[3].

Abschließend soll die Frage geklärt werden, ob MVC respektive CakePHP für effiziente und nachhaltige Web-Anwendungen einsetzbar ist und welche Rahmenbedingungen dies erfordert.

2 Begriffsklärung

Diese Arbeit verwendet einige Begriffe, die für das Verständnis der Thematik als grundlegend erachtet werden. Der folgende Abschnitt beschreibt diese Begriffe und erläutert deren Zusammenhang.

2.1 Framework

„Der Begriff des Frameworks ist relativ ungenau definiert [...]"[ ]. Als Framework kann bereits eine Ansammlung von vorgefertigten Codebestandteilen gelten, ebenso wie komplexe, „[...] bis hin zu kompletten [Abstraktionen]"[ ].

---

[1]Beide Punkte begründen wesentlich die Themenwahl, da der Autor – obgleich im SAP-Umfeld – regelmäßig in Projekten Web-Anwendungen entwickelt und nach verbesserten Methoden sucht.

[2]MVC wird nicht ausschließlich in der Web-Anwendungsentwicklung genutzt, sondern findet generell in der Softwareentwicklung Verwendung. Im Rahmen dieser Arbeit wird jedoch das Augenmerk auf die Web-Anwendungsentwicklung gelegt.

[3]Begriffsdefinition im folgenden Kapitel

2

In der Literatur finden sich zahlreiche Definitionen des Begriffes „Framework". Diese Arbeit beschränkt sich auf eine Darstellung im Kontext der Software-Entwicklung. Dort bezeichnet man Frameworks (oder auch Application Frameworks) sowohl im Allgemeinen wie „[...] im Speziellen [als] objektorientierte Techniken zur Wiederverwendung."[ ] Sie bilden ein Rahmenwerk, „[...] eine Art Codegerüst, das für die Entwicklung von Applikationen verwendet wird."[ ]

Frameworks allein bilden keine fertigen Applikationen, sondern dienen Entwicklern einerseits als Basis für die Entwicklung, andererseits bieten sie zahlreiche Grundfunktionen, die das Erstellen von Applikationen erleichtern und beschleunigen. „In der Regel wird [....] ein bestimmter Stil oder [...] Aufbau vorgegeben, nach dem sich der Entwickler richten sollte"[ ], um den Konfigurationsaufwand zu senken.

2.2 CakePHP

Das Framework CakePHP basiert, wie die Namensgebung erkennen lässt, auf der Skriptsprache PHP. Historisch basiert CakePHP konzeptionell auf Ruby on Rails, einem auf der Programmiersprache Ruby basierendes MVC-Framework. Auch CakePHP implementiert das Design-Pattern MVC und folgt damit dem Prinzip der klaren Trennung einzelner Applikationsteile. Auf MVC wird im folgenden Kapitel 2.2.1 näher eingegangen.

Bedingt durch diese Verwandtschaft, zeichnet sich CakePHP durch zahlreiche Prinzipien aus, die von Ruby on Rails übernommen wurden und die die Entwicklung von Web-Anwendungen vereinfachen sollen.

Die folgenden Abschnitte beschreiben diese Prinzipien.

2.2.1 MVC

MVC ist ein sogenanntes Entwurfsmuster für die logische und technische Strukturierung von Softwareprodukten. „Die zentrale Idee [...] ist, dass man die Verwaltung der Information von der Art, wie die Information verändert wird, und der Art, wie der Inhalt dargestellt wird, trennen kann."[, S. 170]. Es „zerlegt die Interaktion mit der Benutzerschnittstelle in drei Rollen"[, S. 14]:

Model Das Model repräsentiert ein Objekt, das alle Informationen eines bestimmten Typs darstellt. Es bildet mit seinen Methoden eine Abstraktion zur Datenbankschicht und implementiert Funktionen, die nicht für die direkte Interaktion mit der Benutzerschnittstelle benötigt werden. Das Model kommuniziert ausschließlich mit dem Controller und hat keine direkte Verbindung zur View.

View Die View dient der aufbereiteten Darstellung von Informationen und zur Interaktion mit dem Benutzer. Sie erhält die für sie relevanten Daten vom Controller und kommuniziert diese i.d.R. per HTTP-Response an den Client.

3

Controller Der Controller hat eine steuernde Funktion. Er nimmt die Requests des Clients entgegen[4], verarbeitet die entgegen genommenen Daten, liest bei Bedarf Daten aus dem Model, bereitet diese auf und übergibt sie an die View.

Abbildung 1 stellt die beschriebene Interaktion zwischen einem Client und einer MVC-basierenden Web-Applikation dar.

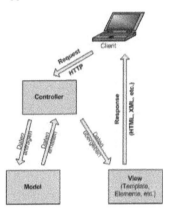

Abbildung 1: Vereinfacht dargesteller MVC-Prozess

2.2.2 DRY

Das Akronym DRY steht im Englischen für „Don't repeat yourself" und beschreibt die Philosophie, „jede Information nur einmal in einem Projekt"[ ] vorzuhalten. Hierzu zählt man neben implementiertem Code auch „Datenbankschemata, Tests und Dokumentationen"[ ].

Realisiert wird dieses Prinzip durch eine strikte Trennung der Applikationsteile mit dem Ziel der Vermeidung von Seiteneffekten. Des Weiteren lassen sich auf diese Weise schlanke und redundanzfreie Applikationen erstellen.

CakePHP implementiert dieses Prinzip vollständig und gibt Entwicklern durch seine Struktur bereits vor, wie die Applikation zu erstellen ist, um weiterhin den zugrunde liegenden Prinzipien zu folgen.

---

[4]CakePHP nennt diese Methoden des Controller-Objektes „Actions".

4

2.2.3 CRUD

Ein weiteres Vorgehen, das CakePHP in seinen Model-Kernklassen implementiert, ist CRUD. CRUD steht für die vier wesentlichen Datenbankoperationen, die zum Verwalten von Daten in einer relationalen Datenbank notwendig sind:

- Create (Anlegen eines neuen Datensatzes)
- Read (Lesen eines bestehenden Datensatzes)
- Update (Aktualisieren eines bestehenden Datensatzes)
- Delete (Löschen eines bestehenden Datensatzes)

CakePHP bietet verschiedene Methoden, die CRUD unterstützen. Neben grundlegenden Operationen bietet das Framework erweiterte Methoden, um über bestimmte Bedingungen oder per Magic Functions[5] nach konkreten Feldnamen zu suchen und Daten aus der Datenbank zu lesen.

2.2.4 Konvention über Konfiguration

Wie Ruby on Rails verfolgt auch CakePHP den Ansatz des „Konvention über Konfiguration" (engl. conventions over configuration). Er beschreibt die Strukturierung[6] eines Frameworks, dessen Automatismen ausschließlich durch einen vorgegebenen Aufbau und Benennung von Applikationsteilen funktionieren.

CakePHP wendet dieses Vorgehen konsequent an, wie sich am Beispiel eines Models und dessen verbundenen Komponenten anhand der Namensgebung zeigt:

Model Dateiname: student.php, Klassenname: Student

View, Anzeige eines Studenten Dateiname: student/view.ctp[7]

Controller Dateiname: students_controller.php, Klassenname: StudentsController

Datenbanktabelle students

CakePHP erkennt Singular und Plural bei englischer Namensgebung automatisch und verwendet entsprechend benannte Komponenten.

Durch die Automatisierung von Framework-Bestandteilen nimmt CakePHP dem Entwickler Standardtätigkeiten ab, da das Schreiben von wiederkehrendem Code entfällt. Zudem verringert sich der Konfigurationsaufwand der Applikation auf grundlegende Informationen, wie beispielsweise die Zugangsdaten der Datenbankverbindung.

---

[5] Magic Functions erlauben das dynamische Erzeugen von Methoden zur Skriptlaufzeit, so dass beispielweise die ID einer Tabelle „students" über eine Methode findById() gefiltert werden kann. CakePHP erzeugt die notwendigen Datenbankoperationen automatisch.
[6] Darunter fallen Namensgebungen von Dateien, Klassen, Datenbanktabellen, etc.
[7] .ctp ist das gebräuchliche Suffix für View-Dateien in CakePHP

2.2.5 Abgrenzung

Es gibt zahlreiche MVC-Frameworks auf dem Markt, die sich im Funktionsumfang stark ähneln. CakePHP unterscheidet sich jedoch in einigen Punkten von anderen Frameworks:

- „geringe Anforderungen an den Webserver"[12]
- „benötigt keine eigene Datenbank für die Anwendung"[12]
- Verwendung von Präfixen für Datenbanktabellen[12]
- implementiert umfangreiches ORM

3 Planung

Vor der praktischen Realisierung einer Web-Applikation stehen einige Planungsschritte, die nicht nur für MVC-Frameworks gültig sind. Bei diesen – und speziell bei CakePHP – bringen sie jedoch einige Vorteile mit sich, da sie den Entwicklungsaufwand reduzieren können.

Eine mögliche Vorgehensweise wird in den folgenden Kapiteln betrachtet. Sie beginnt mit der Erstellung eines Relationenmodells, geht auf die Erstellung der Datenbankstruktur ein und bietet abschließend einen Überblick über die technische Basis, die für eine Realisierung notwendig ist.

3.1 ERM

Den Grundstein für MVC-Applikationen legt die Definition des Datenmodells. Sie beeinflusst maßgeblich den Aufwand für die Erstellung und anschließende Wartung einer Applikation, was ihr in der Planungsphase eine hohe Bedeutung zumisst.

Mit Hilfe des ERM, das der Visualisierung eines solchen Datenmodells dient[1, vgl. S. 78], lassen sich Entitäten (z.B. Student, Studiengang, Dozent) mit Attributen beschreiben und in Relation zueinander setzen:

Beispiel: Die Entität Student umfasst unter anderem die Attribute *Vorname, Nachname, Matrikel-Nummer* und *Studiengang.*

Das ERM verknüpft nach der Feststellung der Attribute jede Entität über Relationen, in diesem Beispiel seien es folgende:

Student belegt Studiengang; **Studiengang** wird belegt von Student

Dozent unterrichtet Studiengang; **Studiengang** wird unterrichtet von Dozent

6

Die Entitäten und Relationen werden in Abbildung 2 in Form eines ERM vereinfacht dargestellt. Dieses Datenmodell spiegelt sich in der technischen Umsetzung mittels SQL wider, z.B. in einer relationalen Datenbank in Form von Tabellen.

Bei der Erstellung des Datenmodells einer CakePHP-Applikation ist das korrekte Modellieren des ERM wesentlich für die Nutzung der automatischen Codegenerierung. Dieser über die Konsole des jeweiligen Betriebssystems[8] ausgeführte Vorgang, wird bei CakePHP „Backen"[9] genannt und nimmt Softwareentwicklern zu Beginn des Realisierungsprozesses bereits Codierungsarbeit ab.

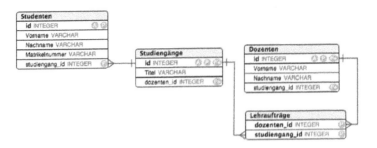

Abbildung 2: Darstellung eines Entity Relationship Modells anhand des Beispiels Student, Studiengang und Dozent

3.2 Datenbank-Struktur

Für die Definition einer Datenstruktur hält CakePHP strenge Namenskonventionen ein und folgt damit dem Konzept des in Kapitel 2.2 bereits erwähnten Ruby on Rails („Konvention über Konfiguration")[10]. Zwar erlaubt CakePHP abweichende Namensgebungen und gestattet Programmierern damit weitreichende Freiheiten bei der Entwicklung der Applikation, jedoch verliert CakePHP dadurch einen Teil seiner Automatismen.

Im Anschluss an die Erstellung der Datenstruktur erfolgt die Realisierung auf Seiten des MVC-Frameworks. Werkzeuge wie der DBDesigner 4[11] vereinfachen sowohl die

---

[8]unterstützt werden Linux, Mac OS X und Windows
[9]Auf den Vorgang des Backens wird in Kapitel 4.1 näher eingangen.
[10]vgl. Kapitel 2.2.4
[11]http://www.fabforce.net/dbdesigner4/

grafische Gestaltung des ERM, als auch das Anlegen der Datenstrukturen unmittelbar auf einem Datenbank-Server.[12] Hierzu werden anhand des ERM SQL-Queries generiert und auf dem Datenbank-Server ausgeführt.

CakePHP verwendet für jede Entität des Datenmodells eine eigene Tabelle, darüber hinaus setzt das Framework für n:m-Beziehungen Koppeltabellen ein, die ebenfalls festen Namenskonventionen genügen sollten, um vom Framework automatisch erkannt zu werden. Der Name einer solchen Tabelle setzt sich aus folgenden Bestandteilen zusammen[13]:

Präfix Vorangestellte Zeichenkette[14]

Modell A Plural des alphabetisch niedriger sortierten Model-Namens (z.B. books)

Modell B Plural des alphabetisch höher sortierten Model-Namens (z.B. students)

Diese Art von Koppeltabellen enthalten lediglich zwei Schlüsselfelder, die als Fremdschlüssel auf die jeweiligen Einträge der gekoppelten Tabellen verweisen (hier: **book_id**, **student_id**). CakePHP koppelt über diese Notation die Models und stellt bei SQL-Abfragen automatisch über JOIN-Befehle eine Verkettung her.

3.3 Technische Basis

CakePHP stellt an seine Laufzeitumgebung moderate Anforderungen, so dass es problemlos auf gehosteten Webspaces mit mindestens PHP5 installiert werden kann. Wesentlich für eine lauffähige CakePHP-Installation sind:

- Webserver (z.B. Apache) mit htaccess[15] und aktivierter Rewrite-Engine[16]
- optional, aber empfohlen: Datenbank (typisch: MySQL, weitere möglich)
- PHP5 (ab CakePHP 1.3)

Neben den grundlegenden Komponenten wie einem Webserver und PHP5 ist die Verfügbarkeit von htaccess wesentlich, da CakePHP hierüber HTTP-Requests auf den eigenen webroot-Ordner weiterleitet. So wird Applikationsnutzern lediglich auf die Dateien Zugriff erteilt, die sie für die Bedienung der Applikation benötigen. Zudem ermöglicht das Framework darüber die Erstellung lesbarer URLs.

---

[12]Dieser Arbeit beschränkt sich auf die Nutzung des verbreiteten MySQL, obgleich CakePHP auch viele anderen DBMS ansprechen kann.

[13]Vorausgesetzt wird eine n:m-Relation zwischen den Entitäten „Bücher" und „Studenten". Ein Student nutzt ein oder mehrere Bücher und ein Buch kann von mehreren Studenten genutzt werden, z.B. in einer Bibliothek.

[14]Dient optional dazu, Tabellen mehrerer Applikationen in einer Datenbank ablegen und unterscheiden zu können.

[15]Dient u.a. dem Überschreiben der zentalen Webserver-Konfiguration

[16]z.B. das mod_rewrite-Modul des Apache-Webserver. Ermöglicht das Umschreiben auf definierte URLs. Wird u.a. für das Gestalten von lesbaren und suchmaschinenfreundlichen URLs genutzt.

Bei der Wahl der Hardware, auf der eine oder mehrere CakePHP-Applikationen bereitgestellt werden, ist auf ausreichende[17] RAM- und CPU-Kapazitäten zu achten. CakePHP speziell und MVC-Frameworks allgemein erzeugen durch die integrierten Automatismen einen Rechen-Overhead während der Skript-Interpretation, der die Antwortzeiten der Applikation reduziert.

4 Realisierung

Im Anschluss an die generelle Planung und Konzeption der zu erstellenden Applikation, folgt die Realisierung der Codebasis. In diesem Kapitel wird auf Spezifika der Realsierung eingegangen, die das Erstellen von Basisfunktionen einer Applikation unterstützen und so den Entwicklungsprozess beschleunigen.

Die folgenden Kapitel gehen ausschließlich auf Framework-Funktionalitäten ein, die die logische Trennung zwischen Model, View und Controller hervorheben.

4.1 „Backen" mit der CakePHP-Konsole

Als erster Schritt nach dem Erstellen der Datenbank empfiehlt sich das Generieren aller zum MVC-Pattern gehörigen Dateien. Dieser Vorgang wird in CakePHP über eine Konsolenanwendung über den Befehl *cake bake* gestartet und erlaubt eine separate Erstellung jedes Teilbereichs der Applikation. Abbildung 3 zeigt die Konsolenanwendung einer neu aufgesetzten CakePHP-Installation, für die bereits eine Datenbankkonfiguration erstellt wurde:

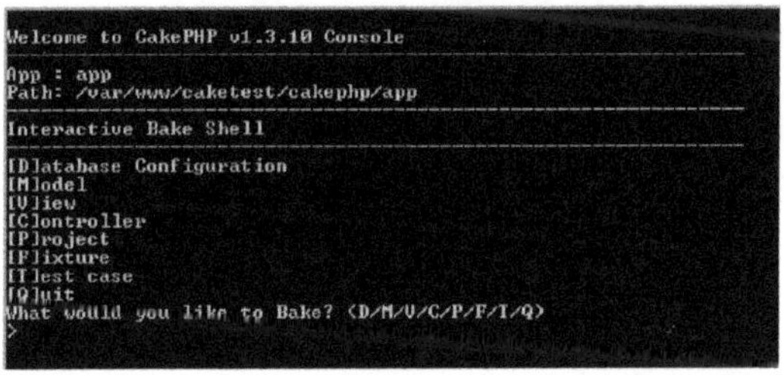

Abbildung 3: Bildschirmfoto der Konsolenanwendung „cake bake" zum Erstellen von Klassen, Methoden, Datenbankkonfigurationen und Testfällen

---

[17]Konkrete Werte liegen dem Autor mangels praktischer Erfahrung nicht vor. Erfahrungen während der Erstellung dieser Arbeit zeigten, dass Requests an eine CakePHP-Applikation, die auf Shared Hosted Webspace genutzt wird, starke Performancemängel haben können.

Über die einzelnen Optionen lassen sich in dieser Anwendung die Model- und Controller-Klassen generieren. In beiden Fällen erstellt CakePHP alle für CRUD[18] notwendigen Methoden sowie Getter und Setter für den Zugriff auf private Attribute.

Während der Generierung der Views erstellt CakePHP die View-Dateien[19] auf Basis der im Kern implementierten Scaffolding-Views[20] und erlaubt Entwicklern somit eine schnelle Nutzung der Basisfunktionen. Zudem gibt CakePHP auf diese Weise die vom Framework gewünschte Struktur von Model, View und Controller vor, so dass sich auch themenferne Entwickler daran orientieren können.

4.2 Realisierung mittels Prototyping

Eine in der Anwendungsentwicklung verbreitete Vorgehensweise zur Erstellung von Software ist das Prototyping. Es „unterstützt [...] die Kommunikation zwischen Auftraggeber, Anwendern und Entwicklern und ist ein geeignetes Modell um rückkopplungsbedingten Problemen in der Softwareentwicklung entgegenzuwirken."[, Seite 4] Das Prototyping folgt einem Zyklus aus Entwurf, einem darauf basierenden Software-Prototypen, der Präsentation und einer Validierung des Gezeigten. Aus den Ergebnissen dieser Validierung entsteht wiederum ein Entwurf und so fort. Abbildung 4 verdeutlicht diesen Prozess.

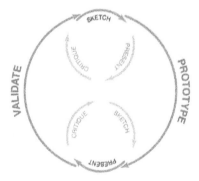

Abbildung 4: Prototyping Prozess nach Warfel[ ]

Ziel des Prototyping ist die Erstellung eines Produktes mittels Interation. Jede Entwicklungsstufe fußt auf den Erfahrungen der vorherigen und nähert sich weiter dem

---

[18]nur in der Model-Klasse

[19]ebenfalls basierend auf den Basis-Actions für CRUD

[20]Standard-Views für die Anzeige, Bearbeitung, Erstellung und Löschung von Datensätzen im verwendeten Datenmodell; In Kapitel 4.2 wird diese Funktion näher beschrieben.

gewünschten Ergebnis. Zwar schließt man in der Literatur zum Thema Prototyping die Wiederverwendung der erstellten Iterationen üblicherweise aus[, vgl. Seite 4], in der Praxis ergeben sich aus der Nutzung zuvor erzielter Ergebnisse jedoch Einsparungen bei der Weiterentwicklung der Applikation.

CakePHP eignet sich für das Prototyping aufgrund seines modularen Aufbaus. Doch auch weitere Gründe sprechen für die Nutzung des Prototyping:

- erste Ergebnisse dank Scaffolding und „Backen" schnell präsentierbar
- durch modularen Aufbau können Funktionen von Prototyp zu Prototyp unabhängig implementiert und getestet werden
- durch Scaffolding keine sofortige Gestaltung des Layouts notwendig

Obgleich das Scaffolding für die schnelle Erzeugung von funktionsfähigen Views in Prototypen hilfreich ist, kann sich sein Nutzen in fertig entwickelten Web-Applikationen ins Gegenteil verkehren. Bietet das verwendete Framework in Version x mit dem implementieren Scaffolding die den Anforderungen entsprechenden Funktionalitäten, kann sich „[das] Verhalten des Scaffoldings [...] bei späteren [...] Versionen verändern."[, Seite 62] Für Entwickler, die sich erstmalig mit Cake-PHP auseinander setzen, birgt Scaffolding zudem die Schwierigkeit, dass „[sie nicht wissen], was passiert."[, Seite 62] Die internen Prozesse bleiben dem Entwickler verborgen.

Da das Scaffoling standardmäßig dynamisch im CakePHP-Kern ausgeführt wird, entstehen innerhalb der eigentlichen Applikation keine View-Dateien. So kann der „Scaffolding-Code [also] nicht als Basis für die weitere Entwicklung [verwendet]"[, Seite 62] werden. Abhilfe schafft CakePHP durch das in Kapitel 4.1 beschriebene „Backen" der Model-, View- und Controller-Dateien.

4.3 Anforderungsspezifische Anpassungen

Im Laufe des in dieser Arbeit zu Grunde gelegten Prototyping-Prozesses ergeben sich je Iteration neue oder geänderte Anforderungen an den entstanden Prototypen. Ausgehend von einem „gebackenen" Grundmodell der Applikation ist die Anpassung der einzelnen Komponenten notwendig. Einerseits bieten das CRUD-Grundmodell und die Getter und Setter nicht alle notwendigen Methoden (Actions), andererseits genügen die durch das „Backen" entstandenen Views nicht den Anforderungen an das Layout.

Da CakePHP durch das MVC-Pattern klar strukturiert ist, empfiehlt sich bei gezielten Anpassung der Applikation die Einhaltung einer gewissen Reihenfolge, die in den folgenden Abschnitten beschrieben ist.

Models

Das „Backen" erzeugt je Model Standardmethoden, um das CRUD-Modell abzubilden. Es kann jedoch notwendig sein, dass Models über spezielle Methoden verfügen, über die einzelne Attribute oder kombinierte Datenstrukturen an den Controller geliefert werden. Da es sich bei diesen Methoden um grundlegende Zugriffsmethoden auf die Informationen des Datenmodells handelt, sollten diese zu Beginn implementiert werden.

Neben der Implementierung der genannten Methoden kann ein Model in CakePHP durch weitere Attribute ergänzt werden, die beispielsweise Validierungsregeln für neue oder geänderte Datensätze beschreiben.[21]

Controller

Nach der Code-Generierung für die Controller existieren je Controller-Klasse[22] fünf Methoden (Actions), die für die Grundfunktionalitäten des MVC zuständig sind:

index Übersicht aller zur Entität existierender Datensätze

view Anzeige eines Datensatzes

edit Ändern eines Datensatzes

add Hinzufügen eines neuen Datensatzes

delete Löschen eines Datensatzes

Für die Actions *index, view, edit* und *add* implementiert CakePHP bei der Code-Generierung automatisch Views, die für eine entsprechende Aufbereitung für den Nutzer sorgen.

Sofern die Applikation weitere Actions benötigt[23], sind diese zu implementieren. CakePHP erlaubt es über zusätzliche Klassenattribute, nötigenfalls auf fremde Models und Controller zuzugreifen, um Daten für die Verarbeitung zu erfragen.

Views

Nach Abschluss der Implementierung der Models und Controller stehen den Views alle notwendigen Daten zur Verfügung, um die Applikation gestalten zu können. Es können nun Layouts in einzelne Teilbereiche (Views, Elements[24]) übernommen

---

[21]CakePHP bietet hierfür eine Reihe von mitgelieferten Validierungsregeln, z.B. eMail, Datum. Durch deren Definition erfolgt bei dem Absenden eines HTML-Formulars automatisch eine serverseitige Prüfung samt Fehlerbehandlung der eingegebenen Werte.
[22]diese entsprechen den Entitäten des Datenmodells
[23]z.B. das Ein- und Ausloggen von Benutzern
[24]Elements sind wiederverwendbare Bestandteile einer Seite, z.B. die Navigation oder Sidebars

werden. Über die *set*-Methode, die in Controllern zur Verfügung steht, lassen sich beliebige Datenstrukturen an die View übergeben und dort anzeigen.

MIME-Dateien

Einhergehend mit der Anpassung der Views, ist es in der Regel auch notwendig, Bilder, Style Sheets und JavaScript-Bibliotheken in diese zu integrieren. Die Bereitstellung dieser Dateien erfolgt im Wurzelverzeichnis der Applikation (**webroot**[25]), bzw. in dafür vorgesehenen Unterverzeichnissen. Über die Nutzung des HTML-Helfers lassen sich diese Dateien in die Seitenauszeichnung integrieren.

Layout

CakePHP arbeitet für die Darstellung von Webseiten mit sogenannten Layouts[26]. Für die Darstellung der generierten Views existiert im Kern ein Standardlayout (*default*), das über benutzerdefinierte Angaben überladen werden kann. Skripte und Inhalte aus den einzelnen Views stellt CakePHP über spezielle Variablen bereit[27]. Layouts beschreiben in CakePHP die allgemeine Seitenstruktur und stellen somit die Wurzel aller Views dar. Neben der Definition des HTML-DOCTYPE werden hier externe CSS- und JavaScript-Dateien eingebettet.

Neben dem *default*-Layout ist es möglich, spezielle Layouts für AJAX-Requests, Text- und HTML-Emails oder RSS-Feeds zu erstellen. Die Steuerung des zuständigen Layouts erfolgt in der entsprechenden Action des rufenden Controllers.

4.4 Helfer und Komponenten

Der modulare Aufbau von CakePHP setzt sich neben der reinen Trennung von Model, View und Controller auch bei der Implementierung von zusätzlichen Bibliotheken fort. So bietet das Framework verschiedene Möglichkeiten zur gekapselten Erweiterung der Codebasis, die für sich genommen jedoch in jeweils anderem Kontext agieren. Auf zwei dieser Möglichkeiten gehen die folgenden Abschnitte ein.

Helfer [ ]

Helfer nennt man gekapselten Code, „der von Views, Elementen und Layouts genutzt werden kann.", vergleichbar mit dem Einsatz von Komponenten in Controllern. CakePHP bietet zahlreiche Kern-Helfer an, die Entwicklern die Erstellung von häufig genutzten Funktion erspart, bzw. erleichtert. Beispiele hierfür sind:

---

[25]vgl. Anhang „CakePHP Pfadstruktur"
[26]auch: Templates, Vorlagen
[27]vgl. auch Anhang „Einfaches CakePHP Layout"

13

Form-Helfer Unterstützt bei der Erstellung von Formularen

AJAX-Helfer Unterstützt beim Ausgeben von AJAX-Elementen und generiert benötigte JavaScripts.

Komponenten [2]

Wie Helfer kapseln Komponenten wiederverwendbare Methoden, stellen diese jedoch für die Nutzung in anderen Controller-Klassen zur Verfügung. Beispiele sind:

Sessions-Komponente Kümmert sich um das Session-Handling innerhalb des Frameworks und abstrahiert dessen Komplexität.

Email-Komponente Kapselt die PHP-Email-Funktionalität und erweitert sie um zahlreiche Details (z.B. die Nutzung von Layouts)

5 Wartung und Erweiterung

Die Wartung und Erweiterung bestehender Software macht einen großen Teil anfallender Arbeiten nach Abschluss eines Entwicklungsprojektes aus. Der Umstand, dass speziell das „Web 2.0" dazu geführt hat, Web-Anwendungen in einem dauerhaften Beta-Stadium zu halten, misst einer komfortablen Wartung einen hohen Stellenwert zu.

Die folgenden Kapitel betrachten zwei wesentliche Funktionen von CakePHP[28], die bei der Wartung und dem Erweitern von Applikationen hilfreich sein können.

5.1 Internationalisierung und Lokalisierung

Viele Web-Applikationen sollen nicht nur lokal in einem Land betrieben werden, sondern entweder im Rahmen der initialen Erstellung oder im Anschluss als Erweiterung in verschiedenen Sprachen angeboten werden.

Hierfür bieten einige Frameworks, so auch CakePHP, die Möglichkeit der Internationalisierung und Lokalisierung[29]. i18n bedeutet, dass eine Applikation „[...] leicht (ohne den Quellcode ändern zu müssen) an andere Sprachen und Kulturen angepasst werden kann."[ ] l10n geht noch etwas weiter, denn hier „[...] sind [..] auch Datums-, Zeit-, Währungs- und Temperaturangaben sowie Maßeinheiten und Umrechnungsgrößen betroffen"[ ]. Für die Implementierung der länder- und sprachspezifischen Parameter bietet CakePHP eigene Klassen an, die wieder dem „Konvention über Konfiguration"-Prinzip folgen.

---

[28]und anderen MVC-Frameworks
[29]kurz: i18n und l10n

Über den Befehl __(); übersetzt das Framework den geklammerten String in die gewählte Sprache. Diese kann in den Konfiguration der Applikation als Konstante festgeschrieben oder dynamisch zur Laufzeit z.b. aus den Header-Daten der Client-Requests entnommen werden. Auf diese Weise lassen sich alle Arten statischer Texte übersetzen. Wie bereits mit dem Befehl *cake bake* Klassen und Methoden generiert wurden, so ermöglicht die Nutzung von *cake i18n* die Generierung der Sprachdateien[30].

Um neben reinem Text auch numerische Besonderheiten (Tausendertrennzeichen, Dezimaltrenner) und Währungsschreibweisen auf lokale Bedürfnisse anzupassen, unterscheidet CakePHP verschiedene Kategorien von Sprachdateien[⑁, S. 321].

5.2 Unit-Tests

Wie CakePHP-Applikationen im Prototyping-Verfahren entwickelt werden können, zeigte bereits Kapitel 4.2. Als Erweiterung sei das Verfahren in diesem Kapitel um das Testing - genauer - das Test Driven Development[31] als Bestandteil jedes Prototypen erweitert. In der Literatur finden sich hierzu einige Vorteile[⑁, S. 339 f.]:

- Überlegungen vor dem Implementieren und während des Schreibens der Tests verdeutlichen spätere Funktion
- schlanker und zuverlässiger Code
- Tests sind zusätzliche Dokumentation

CakePHP bietet ein eigenes Test-Framework, in dem sich während der Entwicklung bereits Testfälle definieren lassen. Die Nutzung des Frameworks setzt auf die PHP-Unit-Testing-Umgebung *SimpleTest*[32] auf und erlaubt es, Tests direkt im Browser auszuführen.

Einzelne Testfälle oder auch ganze Testgruppen bindet CakePHP über das im Anhang „Pfadstruktur" erwähnte Verzeichnis */app/tests* ein. Über sogenannte Fixtures werden fixe Testdaten in eigenen Klassen verfasst. Sie enthalten Attributdeklarationen, die aus dem zuvor erstellen ERM entnommen werden können, sowie eine Anzahl von Testdatensätze. Beide Definitionen werden über vordefinierte Variablennamen ($fields und $records) angesprochen, um vom Framework nutzbar zu sein.

Sind Fixtures und Testfälle (oder -gruppen) implementiert, können diese über die bereits erwähnte Test Suite im Browser aufgerufen und getestet werden.

---

[30]CakePHP legt diese Dateien im Ordner locale und je Sprache in Unterordnern ab. Der Inhalt setzt sich aus Schlüssel-Wert-Paaren zusammen
[31]Integration des Schreibens von Tests in den normalen Entwicklungszyklus
[32]http://www.simpletest.org/

15

6 Resümee

Ziel dieser Arbeit war neben der Darstellung der Entwicklung von Web-Applikationen mittels MVC-Frameworks die Klärung der Frage, ob sich diese Vorgehensweise für den produktiven und effizienten Einsatz eignet.

Anhand der betrachteten Ansätze zeigt die Arbeit, dass es CakePHP und weitere MVC-Frameworks durch ihren hohen Kapselungsgrad und die Verwendung strenger Konventionen erlauben, Entwicklungs- und Wartungskosten zu senken. Vorgefertigte Framework-Funktionalitäten wie ein integriertes Session-Management, eine abstrahierte Datenbankanbindung oder die Integrierbarkeit von Plugins erlauben zudem eine einfache Handhabung und Erweiterbarkeit von Applikationen.

Nachteilig kann sich die Nutzung von MVC-Frameworks auf die Performance von Web-Applikationen auswirken - abhängig vom Komplexitätsgrad des Datenmodells und der verwendeten Komponenten und deren Implementierung.

Die Verwendung von integrierten Unit-Test-Funktionalitäten stellt bereits während der Entwicklung die Qualität und größtmögliche Fehlerfreiheit der entwickelten Klassen sicher und erlaubt es bei späteren Erweiterungen, Fehler zuverlässig zu erkennen.

Zusammenfassend lässt sich konstatieren, dass die Funktionsvielfalt und klare Struktur von MVC-Frameworks den Entwicklungsprozess stark vereinfachen und verkürzen können. Nachteile bei der Performance lassen sich durch gezielte Planung und Optimierungen im Vorfeld vermeiden.

Da der Zeit- und Kostendruck bei der Software-Entwicklung stetig wächst[33], ist mit einer steigenden Verbreitung von Frameworks zu rechnen und damit einhergehend mit der Einführung eines weiteren Abstraktionslevels bei der Software-Entwicklung.

---

[33]diese Einschätzung beruht auf praktischen Erfahrungen des Autors und Gesprächen mit anderen Entwicklern

16

Anhang

Pfadstruktur

Die folgende Auflistung enthält alle wesentlichen Verzeichnisstrukturen, die CakePHP bei Auslieferung enthält. Einige Unterverzeichnisse wurden aus Übersichtsgründen ausgelassen.

app Applikationsverzeichnis

    config Konfigurationsordner (Datenbank, Bootstrap, Kern-Konfiguration)

    controllers Controller der Applikation

        components Komponenten der Applikation

    locale Sprachdateien, sprachweise in Unterverzeichnissen

    models Models der Applikation

    plugins Plugins der Applikation

    tests Testfälle für automatisiertes Testing

        cases einzelne Testfälle

        fixtures für Tests genutzte Fix-Daten

        groups zu Gruppen zusammengefasse Testfälle

    tmp Temporäre Dateien: Cache, Datei-Uploads

    vendors Externe Script-Bibliotheken

    views Views, Elemente, Helfer und Layouts

        elements Elemente

        errors Fehlermeldungen (z.B. 404, 500)

        helpers Helfer

        layouts Layouts der Applikation

    webroot Für Nutzer der Web-Applikation zugänglicher Ordner

        css Cascading Style Sheets

        files Dateien zum Download

        img Bilder

        js JavaScripts

cake CakePHP Kern

docs Dokumentationen

plugins Globale Plugins

vendors Externe Skript-Quellen

Einfaches CakePHP Layout

```
<!DOCTYPE HTML PUBLIC "-//W3C//DTD HTML 4.0 Transitional//EN">
<html>
<header>
<title>A title</title>
<?php echo $scripts_for_layout; ?>
</header>
<body>
<?php echo $content_for_layout; ?>
</body>
</html>
```

Literatur

[1] CAKEPHP-COMMUNITY: *CakePHP   -   Kern-Helfer.*
http://book.cakephp.org/de/view/1357/Kern-Helfer, 06 2011.

[2] CAKEPHP-COMMUNITY: *CakePHP   -   Komponenten.*
http://book.cakephp.org/de/view/63/Einleitung, 06 2011.

[3] CAKEPHP-COMMUNITY: *CakePHP   -   Plugins.*
http://book.cakephp.org/de/view/114/Plugins, 06 2011.

[4] DÄSSLER, ROLF: *MySQL 5 Übungsbuch (DAS EINSTEIGERSEMINAR).* bhv,
1 Auflage, 8 2006.

[5] JÄGER, JENS: *Usability Driven Development.* Grin Verlag, 1. Auflage, 2008.

[6] KARGL, JÜRGEN: *PHP-MVC-Frameworks - Evaluierung von Web Application
Frameworks für die serverseitige Scriptsprache PHP.* Grin Verlag, 1. Auflage,
2009.

[7] KLEUKER, STEPHAN: *Grundkurs Software-Engineering mit UML: Der prag-
matische Weg zu erfolgreichen Softwareprojekten.* Vieweg+Teubner Verlag, 1
Auflage, 10 2008.

[8] SCHERER, ROBERT: *Webentwicklung mit CakePHP.* O'Reilly Vlg. GmbH &
Co., 2008.

[9] SCHRÖDER, ULF: *Prototyping in der Softwareentwicklung.* Grin Verlag, 7 2009.

[10] TATE, BRUCE A. und CURT HIBBS: *Durchstarten mit Ruby On Rails.* O'Reilly,
1., Aufl Auflage, 12 2006.

[11] TODD ZAKI — GRAY, DAVE WARFEL: *Prototyping: A Practitioner's Guide.*
Rosenfeld Media, Erste Auflage, 11 2009.

[12] WIKIPEDIA-COMMUNITY: *CakePHP.* http://http://de.wikipedia.org/wiki/CakePHP,
05 2011.

[13] WIKIPEDIA-COMMUNITY: *htaccess.* http://http://de.wikipedia.org/wiki/.htaccess,
06 2011.

[14] WIKIPEDIA-COMMUNITY: *Internationalisierung   (Softwareentwicklung).*
http://de.wikipedia.org/wiki/Internationalisierung_(Softwareentwicklung), 06
2011.

[15] WIKIPEDIA-COMMUNITY: *Lokalisierung   (Softwareentwicklung).*
http://de.wikipedia.org/wiki/Lokalisierung_(Softwareentwicklung), 06 2011.